# 咏春八斩刀

梁绍鸿 著　熊 亮 绘

SPM
南方传媒
广东人民出版社
·广州·

果麦文化 出品

# 鸣 谢

中国武术博大精深，但如没有肢体语言，单靠文字表达有欠清晰，读者较难领悟。本书有幸得到中国著名漫画家熊亮先生帮忙画图解释，儿子梁达弘拍照及注解。两位在百忙中抽时间协助，万分感激。在此再次谢过！

# 序 一

　　以下所述，为我一友人之履历——我与他结识，已有 16 年之久。他在防身术和对待防身术的态度、攻击和反击技巧，乃至剖析各类格斗术之短长等各方面，都给了我很多启迪。

　　我的友人遍布美国东西海岸、欧洲部分地区、中美洲、南美洲以及安的列斯大部分地区，而这位先生，在我们这个伟大星球上的各个角落都不乏识者。他可亲的举止、严格的教学以及处理事务的方式，都说明他是真正的专业人士。就他的职业即咏春拳教师而言，他是我见过的最佳楷模。他就是梁绍鸿，现代咏春拳宗师叶问的初代弟子——绍鸿称叶问为"老爷子"，能成为叶问弟子，不仅是一种荣誉，本身也是一种成就。

　　咏春拳颇受欢迎，绍鸿所授咏春拳更是独树一帜，因其删繁就简，直击要害，博击属性首屈一指，尤其是当他手持兵刃时，你最明智的选择，就是打车开溜！

　　我的工作，要的就是这种类型和风格的训练。

　　虽然我的拳法另有师承，但我发现，咏春体系，包括其拳法、兵器以及实战用法，不仅易于应用，且执行起来迅捷而彻底。

　　过去和现在，都常有人问我哪种格斗术最擅长"揍人"。我自然会问他们依据什么标准——因为存在很多标准。我通常会向他们推荐咏春拳，相信不论他们采用哪种标准，绍鸿都会把他们"打翻在地"。

我愿意向任何想听、想学或只是乐于尝试的人推荐绍鸿，现在仍然如此。无论绍鸿志业为何，我都完全支持他。

我和我的团队，向他表示衷心的感谢和感激。

大卫·帕艾纳

（美国海军海豹突击二队徒手搏击总教官，1971 年至 1978 年在职）

# 序 二

我在 1973 年考取了跆拳道黑带后，认为自己的武艺不够全面，便拜在叶问宗师的高徒伍烂师傅门下学习咏春拳，但学了一套"小念头"套路和单黐手技法就不学了，因为觉得没劲，转而学习其他比较刚猛的门派，满足自己对实战的要求。

直到几十年后，王家卫导演的传统功夫电影《一代宗师》邀请我当前期策划，于是我特别聘请远在美国弗吉尼亚州教授海豹特击队搏击术的梁绍鸿师傅带着儿子回港，手把手教导梁朝伟学习实践咏春拳。父子俩对梁朝伟每天的魔鬼式训练，除了让梁朝伟在短期间脱胎换骨，从一个文质彬彬、靠眼神迷倒千万女性的奶油小生，变成一个精气神爆棚的武林高手，也让作为旁观者的我大开眼界，重新认识了咏春拳的魅力。

我佩服梁绍鸿师傅的几十年实战心得，立即亡羊补牢，跟随另一位叶问宗师的传人恶性补习（因为当时伍烂师傅已经不在），把咏春拳的拳法、桩法及棍法学全，就只差八斩刀！

《一代宗师》拍摄完成后，梁绍鸿师傅在珠海定居并开馆授徒，他为人豪爽侠义，和我相处比较投缘，知道我是武痴一枚，所以常常鼓励我抽空去珠海找他深造。当有一天我去珠海拜访他的时候，他竟然送我一对银光闪闪的八斩刀！并说香港来了两个徒弟跟他学刀法，让我一起学习！天大好消息、天赐的机会！

他的一个美国爱徒作示范，然后他详细解释每招的运用方法，再让我们学习，并纠正我们的毛病。几个学到宝的徒弟，最后都抱着一对宝贵精美的八斩刀回家！

一晃眼十多年了，突然接到梁绍鸿师傅来电，说要将八斩刀技法出书面世，这对全世界的咏春迷来说是一大喜讯！因为目前在线上线下视频流传的所谓八斩刀套路和技法，都让我觉得是一些武者自编自演、忽悠大众、欺骗自己的卑劣行为，无论是刀的外形比重和技法使用，都与八斩刀的实际应用逻辑不符。我这说法可能会让大家吐糟我武断了，但当你们细心阅读了梁绍鸿师傅这部作品后，就知道我是实话实说，也知道我为什么对梁绍鸿师傅心服口服了！

陈勋奇

（香港电影导演、配乐师、演员）

# 序 三

2020 年，那时候刚刚进入疫情，人们对已经到来的生活的巨变还惘然未知。

炎热的 8 月，徐导浩峰来上海劝俺演武行故事。初听很是兴奋，拍电影当然吸引俺，但深入细想，又觉得操作上不现实。武侠小说是看过许多的，脑子里有许多画面，但武术从没有学过啊，没有一招能拿到台面上来。

功夫如同下棋，不练就不会好。

浩峰兄问我对武行的理解。

"李小龙啊，他用电影将中国功夫推向了世界。至于说电影，俺喜欢《一代宗师》。"

"《一代宗师》的武术顾问就是梁绍鸿师傅，他是李小龙的师弟、叶问的私授武学弟子。要不请梁师傅来训练你？会很不一样的。"

有了浩峰兄的引荐，俺赶紧飞去珠海去拜见梁师傅。如同九段带启蒙，会少走许许多多弯路。这个道理俺怎么能不懂。

航班到得晚，梁师傅在酒店门口等着，带俺去宵夜。让店家在路边支了个小桌，点了一锅粥。广东的粥熬得浓，吃得也久。就着传奇故事下粥，粥喝完了，故事还高潮迭起，满当当一个夜晚，我算是正式认识了梁师傅。

梁师傅，1974初到美国纽约做生意。晚间在朋友餐馆遇帮派斗殴，他单枪匹马，空手制服领头持刀人。其敏捷身手震惊了两名观战的警官，几经挽留，梁师傅终于同意留下来给纽约警队传授武艺。警局出面，身份及薪酬都解决了，梁师傅在纽约开起了武馆。当时，海外华人武馆林立，门派良莠不齐。梁师傅曾经多次被动比武，又主动邀约各方豪杰比武，打出了一片天。后来，为孩子的教育移居弗吉尼亚州，继续开馆教授武术。

开武馆的梁师傅，以拳师的身份教过纽约警察，教过美国联邦调查局员工。之后，美军海豹突击队从二十余万特种兵中选拔二百人魔鬼培训，特聘梁师傅为教官，负责突击队专业格斗技能训练。这一待就是二十多年，迎来送往各路精英。随着不停歇地教授出色的团队，像一位围棋高手，不断对练、思考、印证、复盘、切磋，梁师傅的功力一路精进。

问梁师傅，这一身简洁明了、遇敌一招取其要害的功夫关窍到底在哪里。

他几乎不犹豫地对俺说："功夫不是简单的练，是方法。"

梁师傅13岁师从叶问，师父私授四年半（李小龙第三年时去了美国）。从一开始，叶问师父就和徒弟说：要用心去想，去试，去怀疑师父教的是否符合武学原理。

无论师承多么厉害，技艺想去到期待的高度，是需要自己不断去悟，去复盘，琢磨如何破解对方的招法，去追求最善的招法。听梁师傅讲武学，常常会觉得是在讲棋道。武学与围棋说来都很简单，无非战胜自己、打败别人。归根结底是要下得去苦功夫，在此之上，才谈得上有效的方法、老师的引领。直到有一天，你恍然意识到，想领略无上的风景，原来只有自己才是最好的老师。

当年，吴清源老师对待输棋，会仔仔细细做一件事，复盘，直到彻底理清错误的想法如何产生，偏差的原因究竟是什么。到了晚年，他更是将全部心力看向更加难解的中央，去构想围棋二十一世纪的下法。在上世纪九十年代，他的战术招法，已经显现了超前的战略眼光。

你看，世间道法万般，最后殊途同归，无非是修心法。

有机会结识、跟学功夫"实践咏春"，并由梁师傅手把手亲授示范，幸甚至哉。

江铸久

（职业围棋手，前国家队队员，国家体育运动荣誉奖章获得者）

# 自 序

　　凡真正想练武的，都渴望学到师父的真传，更希望学到本门的全部。对咏春而言，拳桩刀棍已经是全部，没有像其他各大门派那么多的套路，也没有其他各式各样的刀枪剑棍等那么多种类的兵器，更没有舞龙舞狮。话虽如此，若要精通咏春之拳桩刀棍，所需要的时间绝不比任何其他门派的短。听师父说，当年在佛山，习武的人都称咏春功夫为"二世祖功夫"。意思是说，学咏春需要的条件是愿意花大钱，不用工作，不愁生活，有充足的时间练，又无须赚钱养家，更重要的是要有能力请人长期陪练。在他那个年代，有此条件的人少之又少。

清末民初之二世祖（富二代）模样

据说，咏春一直都只流传在水上红船戏班之中，佛山中医师梁赞是岸上第一个学到咏春绝技的。梁赞本人没有公开授徒，只教了自己的两个儿子及三五好友，其中一个就是陈华顺，亦是第一个在岸上正式设武馆公开授徒的师父。自此学习咏春的人越来越多，因为咏春功夫比较适合一般街边打斗及应付突如其来之冲突，特别实用及直接，很快便传遍附近各省市村镇，甚至传到东南亚国家如越南、柬埔寨、马来西亚等地。

若依据上述之传说，从陈华顺设馆授徒开始计算，迄今为止也不到两百年，在这么短的时间内，咏春已经普及南北美洲、非洲、欧洲、亚洲……学习咏春的比学习其他武术的人都多很多，可以说是非常之不简单，这便足以证明这派功夫必定有其过人之处。

我在美国、欧洲及南美洲教咏春功夫四十多年，近年才回到中国。我留意到一个很奇怪的现象：咏春本是发源于中国，国人对认识咏春这派功夫的热情，却比其他国家及地区低很多。因此，我决定尝试写一本有关咏春拳的书，希望能够吸引更多热爱武术的人更深入地了解这门传统武术。

此书（即《咏春六十年》）出版后，有部分读者向我反映过一些问题，并表示感到有些失望。他们指出书里面只提供三套拳的照片及解释，没有招式示范及运用方法的照片，所以学不到什么。另外绝大部分读者都认为我不该用太多武术术语做讲解，因为一般非武术界的读者，尤其是从未接触过咏春拳这派功夫的读者，确实很难看得明白。

其实，从未学过咏春功夫的读者，想要领略到那些功夫术语之内涵的确有点困难，当初写书的时候也曾考虑过这个问题，但基于自己本身没有什么学问，想要用更浅显更贴切的字句去表达每一句术语背后的意思，我也确实有心无力，难以办到。

在学习招式方面，若认为完全依靠文字讲解及看照片示范便可以学到，并能够精准运用，那只不过是自欺欺人，照猫画虎而已。

得知读者对《咏春六十年》之意见后，我觉得有必要向读者解释，认为靠阅读文字、观看照片，甚至视频及录像带便能学到真正的传统武术，这种想法根本就不现实。我们可以在家看说明书及图画去组装买回来的产品，也可以观看电视学到一些烹饪课程，即便弄错了重来即可。而传统武术不是艺术表演，是会有对手的，不可能所有对手都是千篇一律的打法，万一遇到性命受到威胁的时刻，便是生死攸关，错了可没法重来。

我之前写的《咏春六十年》及现在写的《咏春八斩刀》，有三个主要目的。一是想把过去几十年学武之过程及成败之经历告诉大家，可以用作借鉴，不再重复我过去的错误，也许能够避免多走冤枉路。二是把叶问宗师所传授之咏春核心理论，尽可能完完整整转告大家。三是想和读者谈论一些自己练武之心得，希望能诱发读者的探索及更深入的思考，超越我们这一代。

梁绍鸿

# 目 录

# 第一章 传统武术

我们时常提到"传统武术"这个名词，究竟又有多少人真正能够分辨清楚什么才是传统武术呢？ 武术本来就是各式各样的打斗技术，抑或技击，这并非只有中国才有。中国武术种类繁多，经历过千百年的考验和实践，实用的流传下来，花哨的便被淘汰。

传统武术是中华民族几千年的传统文化，并非单纯的技击，而是包含着中华民族的民族性、中国哲学与内涵。这和我们现在所看到的中国武术有着很大的区别。

中国是人口最多的、最古老的文明古国，民族性倾向于守护自己，历代以来，就算在最强盛的时期都极少有过侵略别人的历史。经过好几代的人力物力，历尽辛苦才建筑成的万里长城，就是为了防御外敌，不是为了攻击侵略，这便是一个最好的历史案例，也代表了中华民族的民族性。

中华武术流传了几千年，其目的及思想理念都是以防御为主，强调借力打力、以柔克刚、四两拨千斤、以弱胜强等，都是以后发制人为宗旨之中国文化。

反观近代武术的发展，受到西方武术的影响，在理念和最终目的上都已改变为以攻击为主，又或以强身健体、姿态美妙的表演为目的，完全改变了历代以来练武的初衷，也就失去了原本中华民族传统文化的内涵，又怎能被称为"传统"武术呢！

世界上有四个数千年历史的文明古国，中国就是其中之一，仍然存在并历久不衰。有若干世界知名的历史学家曾经讨论、研究过这个问题，大家都一致认为这与中国独特的文化有很大的关系。他们所举的例子实在太多，我根本无法记清，只记得他们提过中国文字做例子。几千年前从象形文字开始，历代以来只有不断地优化，文字基础却至今都没有过太大改变。虽然当代科技发达后人们可以用电脑或手机甚至语音"写字"，但中国文字与全世界各国的文字不同，不但能用于表达沟通，且每一个字就如一幅图画，这就是书法，是艺术。全世界最著名的艺术拍卖行常拍卖中国字画，往往价值不菲，却仍有人抢着要。幸好，政府在推广发展高科技外，并没有忘记大力支持中国的传统书法。

传统武术文化得不到发展，最大的因素是经济。现今社会竞争激烈，都需要为生活而奔波，谁愿意花钱花时间去学习一门既赚不到钱又养不了家的传统文化？这就是现代社会的现实！

## 传统武术之理论与逻辑

日常在朋友之间交谈时提出来的一些理论，一般都是指未经证实的构思或想法，和学术上、科学上或武学上所指的理论有所分别。传统武术所指的理论，是从实践中获得的知识和经验，在总结后达到的领域，成为一个独特体系，再加以系统化。因此，理论只有和实践互相结合，才能得到验证和发展。没有理论指导的实践，不过就是盲目的实践，其结果是乱打一通。练习传统武术，背后必定含有理论的支撑。犹如建筑高楼大厦，必定先有基础的图则设计，要有序地建，没有精准计算过的基础图则设计支撑，这座高楼大厦永远都经不起风雨的考验。

世界上绝大多数的拳击训练及搏击，包括兵器训练及搏斗，都一致强调体能、力度、速度、杀伤力等方面。这类训练方法及搏斗方式，非常辛苦却较为单纯，而且训练方式差不多是千篇一律，只要能够坚持苦练一段日子，便必有所成，不存在太复杂的理论依据，也没有什么特别奥妙的变化。换句话说，就是硬碰硬，强者胜。这方面与中国传统武术差异很大。所有不同派系之中国传统武术，都各有自己的一套哲学思维及理论作为基础。一般都强调巧妙变通，又或以以柔克刚、以小胜大、以弱胜强等为宗旨，靠的就是用智慧、技巧运用及复杂变化取胜。因为人的体形会受到先天及年龄的限制，无论如何苦练，始终都会达到一个极限，也就无法再向前一步。遇到体形更高大、体能更强、动作更快的对手时，就只能靠智取。智慧是无限的。中国传统武术在过去千百年间，经历世世代代缜密、高度智慧的思考，经历无数次的尝试和实践，到最后所得出来的一套制敌方法，便渐渐成为传统武术的理论依据。

任何一门学术，包括科学、医学……都非常重视每一件事背后之理论依据。中华民族几千年历史，在哲学和其他理论方面都有深刻的研究，并且非常成熟。两千多年前，春秋时代之《孙子兵法》，就是一个最好的例证。所谓兵法就是用兵的哲学理论。过往外国的战争，攻城略地，讲究的是兵强马壮、船坚炮利、军备先进及粮草充足。在其他方面如布防、进攻等，都是一些非常简单的用兵方法，根本无法与两千年前《孙子兵法》之理论相提并论。《孙子兵法》包罗万象，涉及各方各面——政治、人性、远交近攻等多方面之外交策略、反间计等各色各样之谋略……尤其在阵法方面更为突出，还清楚地解释了阵法源于心法、以心法取阵法、以无形取有形等。

百多年前，中国处于封建社会的皇权统治之下，政治腐败、闭关锁国，以至于科技落后，国家受尽欺凌，但这些都不能抹杀中国过去的辉煌传统。放眼看世界，被公认最强的美国海军陆战队，不但有最先进之武器，单单训练一个陆战队队员，就需要花费巨额成本。读者也许有所不知，每一个美国海军陆战队队员，还包括世界著名的西点军校，他们的学员每人手上都有一本《孙子兵法》，这也是他们的必修课程。可想而知，号称世界上最强的军队，对我们两千多年前的兵法理论有多么重视。

## 传统武术背后之核心理论

近年回到祖国后才慢慢发现一个很反常的问题：很多近代的武术大师发表的文章，都是千篇一律地泛化，硬要把中国传统医学理论和传统武术混淆在一起，把动作上简单的杠杆原理、逻辑哲学，特意用一些普通人听不懂的医学原理去解释，故弄玄虚。其实这只会让人越听越糊涂。看似深奥，实则完全脱离现实。中国传统医学与传统武术根本是两种完全不同的概念，有着不同的目的。

自古以来，一般习武者，锻炼或比武切磋都不免时有受伤，因此或多或少都学了些简单的跌打刀伤、驳骨接骹等治疗方法及祖传药方，怎么可能摇身一变就成了医学权威？中国医学博大精深，实非我一介武夫所能理解的。

中国传统武术之各门派，都有不同的理论架构，读者细心研究就不难发现，所有中国传统武术背后之理论，多少都受到《易经》之八卦理论及阴阳五行学说的影响和启发，包括其规律性及系统性。

《易经》的三个主体原则：1. 变易；2. 简易；3. 不易。

变易：世上的事，包括宇宙万物，没有任何事与物是不变的。

简易：任何事与物，背后都必有其道理，不明其理只不过是受到智慧所限，暂时找不出其理而已。

不易：宇宙间确有一项是永远不变的，也就是功能哲学本体。

阴阳五行学说的两个原则：1. 五行相生；2. 五行相克。

五行相生：木生火，火生土，土生金，金生水，水生木。

五行相克：木克土，土克水，水克火，火克金，金克木。

# 第二章 咏春八斩刀的来历和原理

　　还记得叶问师父教我刀法的那一年，初学时觉得非常之简单，连自己都在怀疑，曾经名震武林之八斩刀是否被人夸大了、神化了？表面看，八斩刀的套路确实比拳脚桩的套路简单得多，甚至超乎现实。但过了不久便明白，因为拳脚功夫不但变化多，还必须练速度、练功力去增强杀伤力，需更多的时间锻炼，非常之复杂。而八斩刀就是一招过，本身没有太多变化，熟能生巧，所以没有特别严格之速度训练要求，更不需要有强大的体能。事实上，八斩刀在套路方面，的确比拳脚功夫简单得多。

　　可惜的是，现今社会就算学到八斩刀亦无法去验证，更没有用武之地。拳脚功夫和兵器上的功夫，基本上完全是两码事。拳脚打斗也许有机会通过实践去验证，经过实践可以增强自信。拳头打架，皮肉筋骨也许会受到一些损伤，是无法避免的，却不会致命。刀枪剑戟就不一样了，怎可能拿性命去实践呢？尤其是八斩刀一招致命。但未经历实践，如何去证实八斩刀刀法的绝对有效？未经过多次实践，又何来自信？若没有必胜的自信，如何有胆量以兵器对抗、拒敌？

　　师父说过，自己从来未曾经历过以兵器和别人对抗。我虽然曾经有过一次经历，对方是卖水果的摊贩，用尺来长的水果刀斩我，遗憾的是，这个对手不是练武的，什么都不懂，伤了他根本算不上得到什么经验。我能够做的不过是重复叶问宗师所教的一点一滴而已。

长江后浪推前浪，后人一直都在超越前人。但有些事情后人仍然是无法超越前人的，并且不进则退。但话虽如此，传统武术是祖先遗留下来之文化遗产，关乎民族自信，若我们这一辈人不尽力去好好保留，将来如何向后世交代！

经过验证和实践才能找到真理。实践必然有受伤的风险，但这都是练武必经之路。日常开车也会有危险，会因为有风险就不开车了吗？我承认，我和师父都没有真正经历过实践。构思并不能取代事实，但实践这个难题迟早都必须解决。

## 咏春八斩刀的来历

记得我第一次学刀是在小龙离港的那一年，应该是 1958 年前后吧。教刀前师父要我先向他保证：第一，不能对任何人讲我在学刀；第二，更不能向任何人示范刀法。所以这些年来，曾经好多人问过我，有谁学过这套刀法，我真不知如何回答。师父教刀从来都是关门教的，因此我根本不知道有谁学过，当然也没有看到过别人示范或表演。直至近年叶问电影上映后，突然发现在手机上便可看到很多教八斩刀或表演八斩刀的视频。但基本上和叶问师父教的都不一样，而且他们之间的差别也很大，各式各样，甚至连反手刀都有，真让人眼花缭乱。我无法证实叶问师父教的就是原始的八斩刀，但任何人只要对武术有一点点常识的话，便可看出那些动作根本不合逻辑。还有一些就是硬把咏春拳套路变成刀的套路，更显得荒谬。

众所周知，咏春兵器就只有八斩刀和六点半棍，一长一短两种武器。这派功夫，早期只在广东粤剧红船戏班之间流传，后经戏班中人黄华宝及梁二娣首先传到岸上，佛山中医师梁赞就是其中最早期的岸上弟子，后期也有流传到南洋各地。听师父说，咏春原本只有拳，没有兵器，而兵器是后期在红船戏班中互相交换得来的。每个戏班一般只有十几个人，最多不超过三十个人，那个年代我们中国南方之陆路交通非常不便，为了方便到各乡村城镇演出，只能依靠水路行走（行内人称之为"跑码头"），所以戏班中人全都长期生活在船上。为了方便岸上的人对客运船、渔船及戏班船进行识别，戏班的船都被漆上红油，俗称"红船"。

粤剧大概起源于明代中后期，到明末清初那段时期，大部分乡村城镇的治安都不甚太平，戏班每到一处地方演出，都有机会碰上当地的恶霸、无业流民等生事，少则一二十人，多则上百人，不是强收保护费就是有心捣乱。而戏班中人大都来自五湖四海，每一个都身怀绝技，他们不但有能力保护自己，还必须保护好演出用具及家当，尤其是那些价值不菲的戏服道具等。

戏班除了有演出的那段日子外，大部分时间都生活在空间有限的船上，每天不是排练新剧，就是各自锻炼绝技。而八斩刀、咏春拳和六点半棍就是他们互相仰慕而交换得来的。这就是叶问师父告诉我的有关八斩刀的来历，实情是否如此就无法得知了！

相传最早把八斩刀带进戏班的是天地会的最高头领之一，他为躲避官兵追杀而加入红船戏班。另一原因是他的戏剧造诣也特别深厚，不易露出马脚。戏班是居无定所到处漂泊的，很难被追到，在船上生活，基本没有太多机会和岸上的陌生人接触。演出时又经过

广州粤剧艺术博物馆中的红船模型

化装，让人更难认出本人的真面目。据说，初期根本没人听说过八斩刀这套刀法，更不用说有人见过。传说会用八斩刀的只有天地会总舵主，除他之外，只有几个最可靠最信得过的近身副将。为何如此神秘，连这套刀法是否存在都守口如瓶？师父说，内中有一段不为人知的秘密。相传，所谓天地会源于广西一带，最初只是个教授拳脚刀棒的组织，领头人武艺高强，远近闻名。清末地方政府尤其腐败，不得民心，天地会借机组织义军六七千人，打着反清复明的旗号，首领自称舵主，正式起义，被朝廷镇压。舵主被全国通缉，走投无路，躲在红船戏班里是他唯一的最佳选择。据说，他数次被发现并受到围攻，但每到最后关头都能突围，就是全赖八斩刀这套刀法。总舵主本是瑶族人，出身于安定土司家族。他这套刀法是祖传的，从不外传，只要出手都是一招过，对手根本无法阻挡或闪避，必死无疑。但问题是，此刀法之核心原理太过简单易懂，更不需要十年八载的苦练，只要对手学会了，自己也无法幸免，之所以不外传也不示人，修习者对刀法内容守口如瓶，恐怕也有此原因吧。

## 保留八斩刀的意义

不对外公开八斩刀是我当年对师父的承诺，但这已经是六十多年前的事了，今非昔比，二十世纪五六十年代的香港社会和现在已经是两个完全不同的世界。生活在今天的社会，讲治安，讲法律，不再需要以武力去解决问题，不再有人会带着刀剑到处招摇过市。

三年多前，徐浩峰大导演委托我教一位女演员功夫。教了四五个星期后，我发觉她虽然未曾学过一天的武功，武学天赋却是我之前所从未碰到过的，做动作时她重心平衡，手脚之配合，距离及速度之判断力，超乎想象。我便把实况报告了徐大导。他也很清楚我从来不向任何人示范八斩刀，但还是希望我能改变主意。

为了这件事，我认真思考了两日两夜，徐大导是对的，今日之社会，就算有人学到了也不会去用，何必这么执着？倒不如让更多人见识见识数百年前我中华民族的智慧。虽然这套刀法已经没有什么实用价值，但毕竟是中华民族之文化遗产，当然值得保留。何况这女孩是我一生难碰到的有如此天赋的学员。我知道她是学舞蹈的，一直以来都称呼她的英文名字，后来才知道她大名鼎鼎，是国家级的舞蹈家唐诗逸，难怪连一些欧美徒弟也知道她的大名！

我想通了就答应徐大导。但随即又想到了一个大问题，观众买票看动作电影，就是想看到紧张刺激又有连贯性的画面，观众不是来学功夫的，拍电影并非教功夫，不可能在镜头面前向观众讲解。而八斩刀的核心理论就是"刀无双发"一招过，不允许对手有第二次机会，根本就没有挡打闪避等动作，如何才能够安排出二三十招连贯性的动作？徐大导随即笑着说，这是他的专业，无须我去操心。听到他这么肯定，我也就不去多想了！

## 冷兵器亦有区域性

人类发明了冶金术后，大家便开始用青铜制造武器，进而改用生铁，继而利用精钢，通称冷兵器！

在发明枪炮之前，各个文化区域都会选用适合自己军队使用的冷兵器。外国军队多以骑兵为主，而马上用的绝大部分是重兵器及特长兵器。中国人口多，军队一向以步兵为主。当然，也有骑兵，人数不会太多，一般只有主将及高级将领才配备战马。中国历史悠久，历代以来，兵器种类繁多，数不胜数。而中国人头脑灵活，变化较多。外国军队兵强马壮，一般都依靠冲锋陷阵，勇猛直前，硬拼硬搏。中国人的性格多倾向于以柔克刚，精于计谋，在军事上，一两千年前就已经着重于避重就轻，以千变万化的兵法阵势取胜，并写作了一部《孙子兵法》，时至二十一世纪的今日，此书仍然是美国西点军校的必修课程。

记得年少时听说过一段历史故事，发生在荷兰人占据台湾岛的那段时期。荷兰军队人高马大，用的是特长的马枪及长刀，马枪以冲刺为主。初期，中国步兵用普通的英枪兵器，较短且轻便，而对付骑兵时就改用戈或斩马刀对抗，先斩马脚再斩敌。但外国骑兵用的马枪比中国惯用的兵器长得多、重得多，根本就无法接近。连吃败仗后，中国步兵只好连夜制造成百上千个藤牌，以藤牌挡开长枪，攻近后再以单刀近身斩敌。反之，外国骑兵使用的是又长又重的马枪，并不灵活，一经接近就无法有效施展，只有挨打。此是兵器具有文化、区域属性之一例。

## 八斩刀之独特结构

更具体来说，任何一种兵器或武器，都会有其特殊的要求，若达不到要求就会失去其应有的作用。就如厨师的工具一样，各有其独特的用途及突出的优势。试想，家庭用的大菜刀和餐桌用的小餐刀，同样是刀，用大菜刀在餐碟上切牛排，以小餐刀在砧板上斩骨头，能合适吗？

同一道理，八斩刀的设计和常规的刀、剑、匕首或蝴蝶刀，都有很大差异。八斩刀比常规单刀薄而短，却比常规长剑短而阔，又比蝴蝶刀轻而窄，比匕首长一些及宽阔很多。基于这样的结构，既不适用于常规长刀、长剑的打法，也不能当作匕首或蝴蝶刀使用。严格来讲，八斩刀不但在设计上有特别要求，还必须双刀同时使用，阴阳互配互补，生克共制，更须力蓄双行，才能达到天衣无缝。正如我们中国人之筷子饮食文化，必须是一双筷子同时使用、互相配合。

以下详述八斩刀的结构。

1. 刀剑的把手与刀剑体之间的比重，大多数都要求达到平衡，唯独八斩刀却要求刀身要比把手重一些，目的是增加刀锋之力度。正如工地上常用之大铁锤或斧头，木把手虽然较长，但必然比铁锤或斧头轻。八斩刀如此设计，目的是增加刀尖之凝聚力，使得打击力度加大。

八斩刀造型示意图

2．所有刀剑的刀身和把手的角度，一般都呈直线。但人的手腕弯曲度有限，要更有效地穿刺就必须达到九十度。所以八斩刀的把手，必须有十到十五度左右的下弯。如此一来，往前刺时刀身和手臂便能够呈一条直线，更容易穿刺。

八斩刀手执示意图

3．八斩刀的刀身特别薄和窄，刀身近把手处较宽，逐渐收窄至刀尖。刀身较宽处可以更有效地接挡重兵器，刀尖较窄则更容易刺穿。整体必须达到轻身目的。若刀身太重，就难以依靠腕力运作。

4．八斩刀的护手上方向前弯，主要作用是锁兵器。当然，完全锁住对方兵器不让抽走是绝对不可能的，但只要能够短暂留住对方兵器便达到目的。而护手下方是向外弯的，作用是补位，以防对方兵器向内滑，伤到自己的手腕或前臂。

八斩刀锁敌兵器示意图

5. 握刀的把手，中间较粗，前后较细，可以减轻把手的重量，更重要的是，握刀靠的是五指，而五指各有长短，尤其尾指更短，若把手太粗或太细，甚至一样粗细，就不可能让五指完全握紧，双方兵器碰撞时，八斩刀身轻，握不紧就容易脱手。食指较短，尾指就更短，若五指无法和手掌完全紧合，自然就无法握紧把手。

八斩刀之所以如此设计，目的并非要求美观或刻意与众不同，实际上有其必要性。后面解释刀法时会做相关说明。

## 什么叫"八斩刀"

任何门派之拳、刀、枪、棍、剑、棒……之套路都有各自的名称，咏春八斩刀当然也不例外。这套刀法之所以取名"八斩刀"，外间说法不一，大部分解释都不尽相同，有部分解释更是离题万丈。叶问给我们的解释，虽然无法证实，但大家都觉得他的说法比较可信。他告诉我们这些学刀的人，这套刀法的套路动作特别简单，主要由两部分组成——四下腕斩、四下臂斩，所以被称为"八斩刀"。

## 腕斩与臂斩

腕斩就是速度，臂斩就是力度。

1. 腕斩。靠的是腕力，动作范围小，手腕较灵活，转动更快捷。因为转动手腕永远比摆动整条手臂快得多。对方就算看到手腕转动，也不可能有足够时间去做出反应。有俗语形容，腕斩之速度"快如弹指"。就算肉眼看到，也需时间把信息传递到大脑，才能够做出合理的反应动作。

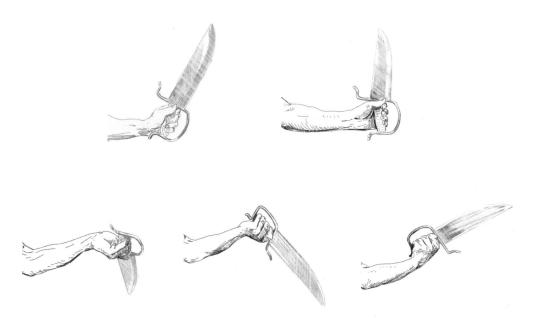

腕斩动作示意图

2. 臂斩。顾名思义，就是依靠手臂的摆动，动作范围比转动手腕大很多。因为手腕的承受力非常有限，何况八斩刀的设计，刀身窄且短又特别轻，对抗重武器时，就必须靠臂力，单凭腕力是办不到的。

臂斩动作示意图

## 不能生套咏春拳理

师父传授刀法之前，每个人都要先对他发誓，不能示范给任何人看，也不能对外人说自己会八斩刀。所以师父教过谁，我也不大清楚，他在世时我从未见有人演练或示范过。直至十几二十年前，在叶问体育会同人大会的 DVD 中，我第一次看到一个同门表演八斩刀的套路。不久之后在视频中也看到过几次不同人的演绎。我只能勉强说有一点相似。近两年突然多了很多人在视频中示范八斩刀套路，虽然各有不同，但明眼人很容易看出，他们表演的所谓八斩刀，都是从咏春拳套路里变化出来的，完全不合乎兵器运用之逻辑，很显然是自创的。当然，咏春拳套路有耕手、捆手、镖指。八斩刀同属咏春派功夫，称之为耕刀、捆刀、镖刀，非常合理，但并非完全一样。拳脚和兵器之间，背后之实质意义和运作逻辑不尽相同。一些人为了达到某种目的，把祖宗流传下来的宝贵武术文化任意修改，抹杀了传统武术之初心，标新立异，确实让人心痛。这样做不但忽悠了大众，而且误导了自己。无论他们是出于何种动机，对国家的形象、对大众都是有百害而无一利的。

拳脚和兵器的作用，从根基上就有很大差别，绝不能照搬。要知道拳脚不够气力，没有杀伤力，便不容易伤到对手，对手便有能力反击。刀枪剑棒及其他各种武器，不论碰到人体哪一部位，非死即伤，再没有能力反击。而且拳击搏斗只在手脚运用，武器搏斗却关乎兵器之长短、软硬、轻重及运作。可想而知，两者怎能相提并论？所以拳脚功夫背后的核心理论和武器运用的核心理论，基本上完全是两码事，怎可能将拳脚套路改编成八斩刀套路？

咏春拳之核心理论就是中线理论。两点之间最近距离就是两者间之中线。最近距离也即最快到达，所谓快到就是速度。换言之咏春拳的核心理论就是速度。任何动作招式，攻与守之动作，都要符合最短距离原则。有道是，天下武功无坚不摧，唯快不破。但中线理论并非完全适用于八斩刀。道理很简单，八斩刀结构上属于短兵器，只要对手的兵器比自己的长，即所谓一寸长一寸强，不论自己的刀法多快多狠，倘若无法接触到对方，就只有挨打的份。由此可知，咏春拳之中线理论不可能适用于八斩刀。

# 八斩刀之核心理论："刀无双发"

咏春八斩刀之核心理论就是"刀无双发"，意思就是只要一出手，除拍开或挡开对方攻击自己或对着自己的武器时，另一刀就已经攻击到对手的两至三个部位，根本无须再次出手。

一般打斗，要闪避或挡格开对方之攻击并不困难，对手攻击失败后很可能再次发动第二及第三次攻击，九守一失，迟早会有一次避不开或阻挡不了的，非常被动。反之，当你攻击对手时，对手也同样有可能闪避得开或挡格得了，甚至有可能成功即时还击。若要保证对手避不开或阻挡不了你的攻击，唯一方法就是挡开对着自己或正在攻击自己的兵器，在同一时间攻击对方两个甚至三个不同的部位，对方就算避得开或挡得了第一个部位，也绝不可能躲得了第二个部位，因为第二个部位便到对手身体的主体，主体部位是永远不会改变的，而且两个部位之间的距离不过咫尺，有如双箭齐发，在同一时间内到达不同部位时，对手绝不可能有足够的时间做出判断及反应，并同时避开或挡格一个以上的部位。所以称之为"刀无双发一招过"，也即跑得了和尚跑不了庙，一招定输赢。

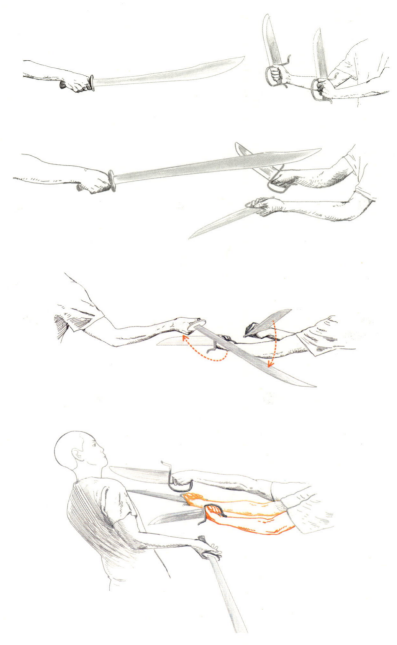

"刀无双发"示例一

## "刀无双发"的另一示范

短兵器有短兵器的优势，容易收藏又方便携带，近身肉搏时最实用。问题是，当对手用的是长兵器时，如何才能接近对手？正所谓一寸长一寸强，正常情况下只要对手保持距离不让你接近，那你就只能挨打。

"刀无双发"示例二

虽然一对八斩刀用的都是短刀，却可以攻入对手近身范围，并能确保对手避无可避、挡无可挡，这才是八斩刀刀法最独特的地方。

　　试举另一个例子，当对手用长刀从下方往上昂刲，或从下方向你上方前刺，你只要在把对手的兵器劈开的同时，割他手腕或手臂后不停顿，继续往上刲，再顺势刺喉咙。

"刀无双发" 示例三

这些听起来似乎很复杂，单一动作怎可能同时攻击两个甚至三个部位呢？让我试举两个简单的例子就容易明白了。

例1：当扔一块石头到河里，便会看到水面起浪花。要想看到另一处地方起浪花，就需要再扔另一块石头。

若只有一块石头在手，却要看到多处起浪花，可以吗？当然可以！只需改变扔石头的手法即可，也就是用打水漂的方法。虽然同样是扔一块石头，但只要改变扔石头的手法，效果便完全不同。

打水漂示意图

例2：比方说台球桌上有白、红、黑三个球。想要用自己的白球撞击红球，对准红球发球即可。想要用自己的白球撞击黑球，对准黑球发球即可。

若只有一次发球机会，却要在撞击红球的同时又要撞击黑球，可以吗？当然可以。只需改变撞击球的方法，以自己的白球擦边撞击红球反弹后再转向撞击黑球即可，无须两次发球动作。

桌球连撞示意图

　　一套有效而又实用的刀法，每个单一动作、每个招式，背后都须有其独特的理论支撑，但核心理论就只有一个——绝对不能改变或背离。核心理论就是这一门技术的灵魂，必须完全明白及理解。正所谓一理通百理明。当你明白 2+4=6 的原理后便能灵活发挥，不需要教你也能想到 4+2=6，如此类推，慢慢更上一层楼。

　　小学时代，听老师讲有关 17 世纪牛顿发现万有引力理论的故事，也就是我们现在所熟悉的牛顿定律。三百多年后的今天，如果科学家们不明白这个理论，人类就未必上得了太空探月。

　　世上的事与物都在变，包括武术的所有不同招式及动作，一直都在变，但形式可以变，核心理论却不能变，也不用变。

　　1976 年我初到弗吉尼亚，当时我还年轻，受到一个新来学员的挑拨，他告诉我海豹突击队有个叫 David Paaaina 的教官，口出恶言侮辱中国功夫，还说我的师兄李小龙只是个演员，骗女人可以，根本就不能打。我听后觉得有点生气。在此之前我从未听说过什么海豹突击队，便盲目地叫当海军的徒弟带我进入海军基地，挑战那个叫 David Paaaina 的教官。

当晚他不在。过了两三天，他亲自来找我了，告诉我一切都是假的，说我是受了别人挑拨，就是想看到我和他打架。他说他不怕和我打，但他的职业是杀人，不是打架比武。他告诉我几星期前当我初到弗吉尼亚海滩市（Virginia Beach）时，就曾经亲眼见到我分别和四个人打过，自问打架不是我对手，问我敢不敢以刀对刀。当时我在众人面前不好意思示弱，只好建议用刀套，把有颜色的粉笔擦在刀套外面，他也不想伤我性命，便答应了。

讲完后我们便走到武馆大厅中间，还未等我站定，他已经动手刺向我心脏，我搞不清他动作的虚实，习惯性地先割他往前刺的手腕。他缩手真快，但没有想到我的动作并没停止，而是继续顺势刺到他的咽喉。当时他整个人都呆住了，非常惊讶，这么简单的一个动作，他却根本无法挡、无法避。他退开后定一定神，这次没有实时攻击，只拿着刀左右上下地摆动，我没等他出击便再割他握刀的手，他动作好快，把手闪开并想再刺我胸口，可惜我的刀已经停在

Paaaina 的照片和他的信

八斩刀的防守及顺势攻击示意图

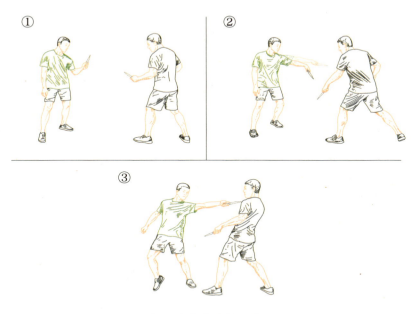

八斩刀的抢占先机示意图

他的咽喉。他回去后如实向上级报告了这次比试的经过，几个星期后他的上司约见我，请我去教海豹 UDT（第二队），之后再加上第四队。我提起这件陈年旧事不是想颂扬自己，而是要读者明白，情况是可以变的，也一定会变，但只要真正明白核心理论所在，就能够灵活变通及运用。

其实道理很简单，刀也好，匕首也罢，实则没有太大分别。我割的是握兵器之前锋手，对方自然反应就是缩手，若不缩手便会受伤而握不住兵器，我顺势向前刺便是。其实主要动作就是往前刺，只不过途中手腕经过翻转顺带割对方的手腕而已。当然，若对方来不及缩手便会立时受伤，并会丢失兵器。

## 刀无双发 = 击东又击西

只要有过打斗经历的人都知道，双方搏斗，最难防御又最难应付的就是声东击西（虚招）。

虚招也即假动作，其实是一门非常巧妙的技术，无论对手武功多高强，经验多丰富，反应有多快，一旦判断错误，对虚招做出反应，到发现时就一切都已经晚了。

相信大部分读者或多或少知道西洋拳的一些打法，就算不知道，在电视、电影中也会看过一些。他们的身体依靠步法不停地移动，不停地改变方位，让对手难以捉摸固定目标，方便闪避和突击。他们的规则是不能攻击后背及下腰，更不许用脚踢或手肘攻击，因此须防守的部位实在不多，配合他们高超的闪避技术及灵活控制距离的步法，想要一招击倒对手的最好办法就是使用虚招，引开对手的防御，或逼对手向设计好的方位闪避，以便有机会给予对手重击。所以那些拳击手一般都把虚招练到出神入化，虚虚实实很难预测。

　　另一个例子。三十多年前，几个身材矮小的巴西柔术高手（都是亲兄弟），来美国挑战最厉害的拳击手，两年多来也不知打过多少场次，居然从未败过，一时间轰动全美国及欧洲整个拳击界。实则那些拳击高手并非败于被击倒，他们全都是先被摔倒在地后再被控制的。巴西柔术并非拳击，也非摔跤。他们的最厉害之处在于绊倒对手，落地后锁住对手的手、脚或喉颈等部位，直到对手求饶，可以说是一绝。对手一旦被锁住，基本上很难破解得了，结果只能认输。但既然拳击并非他们的专长，他们如何能在避免被击倒的同时先绊倒对手呢？也是依靠假动作（虚招），这正是他们的绝技之一。

　　我曾经看过他们好几次打斗。他们普遍有两种做法。一种是以双手防护上身，假装把头部外露，只要对方出手攻击没防守的头部，他们就会突然扑向对方腰部以下，把对手绊倒。若对手没有经过这种长时间的应对训练的话，绝对不可能做到有效应对。他们的另一种做法就是假装主动攻击对方头部，只要对方反应，即闪避或提手去挡格，他们便突然转为扑向对方，把对手绊倒，这不也是一种声东击西吗？

　　声东击西这样的打法并不限于拳脚搏斗，使用兵器的人同样难以防御、难以应付。以咏春八斩刀对抗声东击西这种打法，却轻而易举，因为八斩刀用的是双刀，不管是真是假，一把刀都可以照常挡格，而另一把刀在同一时间直接攻击对方不同的部位。

　　至于咏春八斩刀法，并没有用声东击西这样的技巧，用的却是更加直接的"击东又击西"。不是让对手防不胜防，而是根本就防不了。说白了，击东又击西亦即刀无双发，挡格和攻击两个动作都是真的。

面对声东击西，你有选择，选对的话便解除威胁，并且可以随时还击。但"击东又击西"是一个动作攻击两个至三个目标，无法预知攻击的是哪两个部位时，一心又不能二用，就算防御、挡格，闪避得了一个部位也根本无济于事，另一个部位又该如何应对呢？

# 第三章 咏春八斩刀的套路与实践

## 不存在"功夫秘籍"

很多武侠小说，甚至电视、电影都时有提到什么功夫秘籍，有些人还相信得到那些所谓秘籍后便可以学到真功夫，这些想法根本就不切实际。功夫不是集体运动，不可能依照文字、图画或视频去练习便能应用。传统功夫是一门搏斗艺术，非常之复杂，并非单独的个人行为，还牵涉到对手，变量实在太多。

过去五六十年来，曾经有过一些朋友知道我是练武的，特意给我看他们找到的一些什么祖传下来的武林秘籍，因为看不明白，所以想和我共同研究。那些所谓秘籍一般都粗制滥造，动作图案大都是生手画的，根本看不出一套完整动作。文字方面更无稽，有些连武术方面最基本的知识都没有。

现在市面上有很多有关中国武术的书籍，大部分都是教套路的，想依照书本上的指示去做，根本就不可能做到完美，结果只有画虎不成反类犬。就算能够做到完美，若得不到正确的指导，也不可能完全明白其中的奥妙之处，更不用说能够运用了。

初到美国时我曾经看过一本有关咏春的书，是一个叫李严的人写的英文版咏春，写得非常非常好，那些想多了解咏春功夫的人看了后一定不会失望。李严就是李小龙在美国时最早期的徒弟之一。这本书主要是讲解及示范小念头、黐手及一些理论。

## 学习套路之过程

刀的套路动作看似很简单，根本看不出有任何威胁性或拼搏的动作招式。实则，这套八斩刀的套路主要在于"意"的表达，除非是行家，否则单凭观看套路动作，很难猜测到其动作之真实意义。

跟随师父叶问三年多后，他才准备教我刀法。现在还清清楚楚记得当时的心情，简直兴奋到整夜不能眠。第二天想尽办法找借口跟母亲拿钱，给了师父一个特大红包以表心意。真想不到，曾经威震武林、好多师兄弟做梦都想要学的八斩刀，竟然是如此单调，一点威势也没有，不到半天就学会了。我忍不住追问师父："怎么就这么简单，怎么看也看不出这套刀法有何用处。"师父一脸认真地对我说："鸿仔，你根本不识宝，这套刀法真的好厉害，你要好好练，熟能生巧，慢慢你就会领略到的。"当时我内心真的好难受，也不知是迷惑、失望还是在怨师父，简直有点被骗的感觉，但又不敢直说。学之前师父还再三叮嘱，要我保证不对别人说，更不能向任何人示范。我七岁便开始学武，虽然不懂八斩刀，但各门各派练刀的人实在见过不少，凭这几个不伦不类的动作就去表演做示范，别人不笑掉大牙才怪！我又不傻，这样的刀法怎么好意思让别人知道，哪有脸去示范给别人看？师父实在是杞人忧天。

过了三五个星期后，师父又说要教我刀法。我当时就蒙了，第一反应是觉得师父真的老了，记忆力衰退，忘记已经教过我。要不，就是再没有新的东西可以继续教，只好拿教刀法来做文章！

我真的是大错特错。原来当初他没有一次对我讲清楚原因，就是担心我不守诺言，怕我学会之后，就急不可待地对外炫耀。观察过一段日子后，证实了我确实没有演示给任何人看，认为我值得他信赖，这才旧事重提。

师父没有骗我，他上次教的确实是八斩刀，只不过教的是套路而已。因为动作太过抽象，而且有些反常，除非对兵器有很好的根底，对武学又有天赋，若得不到详细解释，实在不容易领略到动作上的真正意图。

## 摆桩

动作电影看多了，在不知不觉的情况下，就觉得摆桩只不过是一种故作姿态，摆摆姿势，有型有款有威势就算完美。自从知名大导演叶伟信拍的那部《叶问》上映后，只要提到咏春拳，大家都去模仿甄子丹摆的桩手，但很少有人明白摆桩的真正意义何在、究竟有多重要。

其实摆桩的真正意图就是为了对抗而做准备。拳脚也好，兵器也罢，意义都相同。其主要目的离不开以下三点：

一是蓄势，等到合适的时机使出自己最有心得之杀手招数。

二是防守本身的弱点或防备对手最有可能攻击的位置。

三是造势给对手看，特意暴露空位给对手攻击，实则是圈套、陷阱。

八斩刀摆的刀桩，因刀短而轻，所以双刀一般都守在近身前方，轻微分开，一前一后距离不远，刀尖微向内。马是高桩侧身坐马。

　　请参考熊亮大师绘制的漫画示范。

八斩刀摆桩示意图

# 八斩刀套路图解

八斩刀实有九刀，名称如下：

1．拍刀

2．捆刀

3．镖刀—回马枕刀

4．斩刀—回马耕刀

5．分刀—上马双劈大分刀

6．摊刀

7．挟刀—横削—镖刀

8．大耕刀—上马昂剀—拖刀回

9．甩刀——八斩刀这套刀法必须双刀互相配合才能有效发挥作用，唯独甩刀这个动作既可以配合其他动作，又可以单独使用，所以没有在套路里面单独出现。

以下是各招图解。

# 1．拍刀

两只手腕的动作是相反的。一往外拍，把对向自己或攻向自己的兵器拍开。持另一把刀的手腕在同一时间翻转往上剒割对方手腕。练套路时同一动作重复三次，之后分别向下斩，继而双刀齐齐往上剒，再翻转往下斩。全都是手腕动作为主，前臂动作仅为辅助。

拍刀动作演示 1（左为正视图，右为同一动作侧视图，下同）

拍刀动作演示 2

拍刀动作演示 3

拍刀动作演示 4

拍刀动作演示 5

拍刀动作演示 6

拍刀动作演示 7

拍刀动作演示 8

拍刀动作演示 9

拍刀动作演示 10

拍刀动作演示 11

拍刀动作演示 12

拍刀动作演示 13

拍刀动作演示 14

拍刀动作演示 15

拍刀动作演示 16

拍刀动作演示 17

拍刀动作演示 18

拍刀动作演示 19

拍刀动作演示 20

拍刀动作演示 21

拍刀动作演示 22

拍刀动作演示 23

拍刀动作演示 24

拍刀动作演示 25

## 2．捆刀

主要是前臂动作，目的是阻挡胸部以上的攻击。出手时首先双刀必须互相接触，从上到下。前刀是主，后刀是辅助。前刀四十五度向下，后刀四十五度向上。同样动作左右转马三次。之后便是收式，即分别向下斩，继而双刀齐齐往上剀，再翻转往下斩。每一节做完都是这样收式的。

捆刀动作演示 1

捆刀动作演示 2

捆刀动作演示 3

捆刀动作演示 4

捆刀动作演示 5

捆刀动作演示 6

捆刀动作演示 7

捆刀动作演示 8

捆刀动作演示 9

捆刀动作演示 10

捆刀动作演示 11

捆刀动作演示 12

捆刀动作演示 13

捆刀动作演示 14

捆刀动作演示 15

捆刀动作演示 16

捆刀动作演示 17

捆刀动作演示 18

捆刀动作演示 19

捆刀动作演示 20

捆刀动作演示 21

捆刀动作演示 22

捆刀动作演示 23

捆刀动作演示 24

捆刀动作演示 25

捆刀动作演示 26

捆刀动作演示 27

捆刀动作演示 28

捆刀动作演示 29

捆刀动作演示 30

## 3．镖刀—回马枕刀

重点在马步及镖前冲刺。八斩刀比一般兵器短，想要快速靠近对方的话，马步就必须越大越好，最实际的方法，就是由高桩马蹲下镖前，不但去得更远并且站得更稳。镖刀时因为没有拉后蓄力，穿刺的力量非常有限，所以亦要借助身体镖前的冲力。

除此之外，另一把刀则用于护住面门。当然，在实战时亦可以用来拍开对方的兵器。练习套路时一般都往前六步，之后便以枕刀四十五度后退回原位。枕刀一般是用于对付由下往上攻击之重兵器，撞击力非常之大，所以必须依靠自身重量及双臂伸直压下。之后便收刀，亦即分别往下斩，双刀往上剳再往下斩。

镖刀动作演示 1

镖刀动作演示 2

镖刀动作演示 3

镖刀动作演示 4

镖刀动作演示 5

镖刀动作演示 6

镖刀动作演示 7

镖刀动作演示 8

镖刀动作演示 9

镖刀动作演示 10

镖刀动作演示 11

镖刀动作演示 12

镖刀动作演示 13

镖刀动作演示 14

镖刀动作演示 15

镖刀动作演示 16

镖刀动作演示 17

镖刀动作演示 18

镖刀动作演示 19

镖刀动作演示 20

镖刀动作演示 21

镖刀动作演示 22

镖刀动作演示 23

镖刀动作演示 24

镖刀动作演示 25

镖刀动作演示 26

镖刀动作演示 27

镖刀动作演示 28

镖刀动作演示 29

镖刀动作演示 30

镖刀动作演示 31

镖刀动作演示 32

镖刀动作演示 33

镖刀动作演示 34

镖刀动作演示 35

镖刀动作演示 36

镖刀动作演示 37

镖刀动作演示 38

镖刀动作演示 39

镖刀动作演示 40

镖刀动作演示 41

镖刀动作演示 42

## 4．斩刀—回马耕刀

斩刀和镖刀的所有动作完全一样，唯一分别就是往前斩，并非往前刺。往前刺的目标是对方之主体，但当面对长棍或缨枪等长兵器时，未必能刺到对方的身体，最有效的方法就是先斩对方拿着兵器的前锋手，顺势再往前刺。

斩刀回马时是耕刀，这和镖刀回马时是枕刀有所不同。耕刀时两握刀的手腕必须先互相接触，以上刀为主，下刀主要作用是增强上刀之抗撞力。两握刀的手腕预先互相接触之另一功能是预防两刀之间留有空隙。

斩刀动作演示 1

斩刀动作演示 2

斩刀动作演示 3

斩刀动作演示 4

斩刀动作演示 5

斩刀动作演示 6

斩刀动作演示 7

斩刀动作演示 8

斩刀动作演示 9

斩刀动作演示 10

斩刀动作演示 11

斩刀动作演示 12

斩刀动作演示 13

斩刀动作演示 14

斩刀动作演示 15

斩刀动作演示 16

斩刀动作演示 17

斩刀动作演示 18

斩刀动作演示 19

斩刀动作演示 20

斩刀动作演示 21

斩刀动作演示 22

斩刀动作演示 23

斩刀动作演示 24

斩刀动作演示 25

斩刀动作演示 26

斩刀动作演示 27

斩刀动作演示 28

斩刀动作演示 29

斩刀动作演示 30

斩刀动作演示 31

斩刀动作演示 32

斩刀动作演示 33

斩刀动作演示 34

斩刀动作演示 35

斩刀动作演示 36

斩刀动作演示 37

斩刀动作演示 38

斩刀动作演示 39

斩刀动作演示 40

斩刀动作演示 41

斩刀动作演示 42

斩刀动作演示 43

斩刀动作演示 44

斩刀动作演示 45

斩刀动作演示 46

斩刀动作演示 47

斩刀动作演示 48

斩刀动作演示 49

## 5．分刀—上马双劈大分刀

　　分刀是一招三式，所以比较复杂。头一节是用于对付腰部或以下的攻击。正常动作是以手腕为主，碰到对手用的是重兵器或特长兵器时，便需配合手臂动作去增强力度，当劈开对方兵器及两腿拉后退缩之同时，另一刀已经斩到对方手腕。而两腿突然急促拉后退缩再反弹上前并非大家见惯的功夫马步，所以必须多做解释。两腿拉后退缩目的是避开下盘的攻击，之所以必须如此是因为八斩刀比一般刀剑短，倘若对方的兵器攻击比膝盖更低的位置时，八斩刀这么短，未必能接触到对方的兵器，因此两腿必须拉后退缩，以确保安全（转下页）。

分刀动作演示 1

分刀动作演示 2

分刀动作演示 3

（接上页）八斩刀套路里面，斩对方握兵器之手后，一般都是往上剀继而往前刺。这一节却有所不同，斩对方手腕之后不再上剀前刺，而是转身斩旁边，另一刀往前劈。斩向旁边的一刀作用是盖位，往前劈的一刀目标是对方的头部。这一节亦即第三式同样是分刀，应用程式完全不同，更适合用于对抗长兵器时之翻手。之后便是同样的收式动作，不再重复解释。

分刀动作演示 4

分刀动作演示 5

分刀动作演示 6

分刀动作演示 7

分刀动作演示 8

分刀动作演示 9

分刀动作演示 10

分刀动作演示 11

分刀动作演示 12

分刀动作演示 13

分刀动作演示 14

分刀动作演示 15

分刀动作演示 16

分刀动作演示 17

分刀动作演示 18

分刀动作演示 19

分刀动作演示 20

分刀动作演示 21

分刀动作演示 22

分刀动作演示 23

分刀动作演示 24

分刀动作演示 25

分刀动作演示 26

分刀动作演示 27

## 6．摊刀

　　八斩刀里面，很多动作与咏春拳的动作非常相似，名称亦相同，目的及实际作用却有很大差别。八斩刀之摊刀和咏春拳的摊手就最明显。咏春拳摊手的目的及作用是截桥，制止对方之攻击。反之，八斩刀之摊刀却绝对制止不了任何有力之攻击，尤其是对付较重的兵器。话虽如此，摊刀的作用可不小，尤其在对付长兵器时，压制及卡锁对方兵器特别有效。对付一般兵器时，摊刀是用于配合镖刀的，但在对付特长兵器时，就必须配合斩刀用。

摊刀动作演示 1

摊刀动作演示 2

摊刀动作演示 3

摊刀动作演示 4

摊刀动作演示 5

摊刀动作演示 6

摊刀动作演示 7

摊刀动作演示 8

摊刀动作演示 9

摊刀动作演示 10

摊刀动作演示 11

摊刀动作演示 12

摊刀动作演示 13

摊刀动作演示 14

摊刀动作演示 15

摊刀动作演示 16

摊刀动作演示 17

摊刀动作演示 18

摊刀动作演示 19

摊刀动作演示 20

摊刀动作演示 21

摊刀动作演示 22

摊刀动作演示 23

摊刀动作演示 24

摊刀动作演示 25

摊刀动作演示 26

## 7．挟刀—横削—镖刀

　　一般长兵器如单头棍及红缨枪等，最难防的就是枪，亦即对方用棍头或缨枪尖像箭一样射向自己，依靠挡格或躲避是没有用的，挡格或躲避太快太慢都会中枪，尤其是长兵器伸缩的速度特别快，挡得了、避得开一次，躲不过第二次。挟刀的好处在于保险，一来不容易被对方刺到，二来对方无法缩回去再刺（转下页）。

挟刀动作演示 1

挟刀动作演示 2

挟刀动作演示 3

（接上页）挟刀的原理其实也不复杂，首先最重要就是侧身坐马避开攻击的同时，一刀以刀口斜斩攻来之枪棍，阻其前进，另一刀以刀背拉回，短暂阻止对方把兵器抽走，刀口斜斩那把刀随即往前削对方之前锋手腕，转马并以刀背把对方的兵器拨开，同时另一把刀翻转削对方之前锋手腕。

挟刀动作演示 4

挟刀动作演示 5

挟刀动作演示 6

挟刀动作演示 7

挟刀动作演示 8

挟刀动作演示 9

挟刀动作演示 10

挟刀动作演示 11

挟刀动作演示 12

挟刀动作演示 13

挟刀动作演示 14

挟刀动作演示 15

挟刀动作演示 16

挟刀动作演示 17

挟刀动作演示 18

挟刀动作演示 19

## 8．大耕刀—上马昂剀—拖刀回

　　这一节仍然是一招三式，全属臂斩大动作，最适合对付长棍或缨枪等长兵器，步法的配合尤为重要，幅度要大及必须做到快起快落。大耕刀分上耕、下耕，以上耕刀为主，下耕刀是补助上刀，作用是增强力度及加大盖位幅度。大耕刀可以用于抵挡，面对长兵器时，亦可以用来拨开对着自己的长兵器，以便拉近双方距离。第二式必须大步镖前及弓步伏低，横刀保护头部之同时，另一刀往上剀后继续往前刺。第三式是拉马后退拖刀回原地。一如前七节，上剀下斩收式。

大耕刀动作演示 1

大耕刀动作演示 2

大耕刀动作演示 3

大耕刀动作演示 4

大耕刀动作演示 5

大耕刀动作演示 6

大耕刀动作演示 7

大耕刀动作演示 8

大耕刀动作演示 9

大耕刀动作演示 10

大耕刀动作演示 11

大耕刀动作演示 12

大耕刀动作演示 13

大耕刀动作演示 14

大耕刀动作演示 15

大耕刀动作演示 16

大耕刀动作演示 17

大耕刀动作演示 18

大耕刀动作演示 19

大耕刀动作演示 20

大耕刀动作演示 21

大耕刀动作演示 22

大耕刀动作演示 23

大耕刀动作演示 24

大耕刀动作演示 25

大耕刀动作演示 26

大耕刀动作演示 27

大耕刀动作演示 28

大耕刀动作演示 29

大耕刀动作演示 30

大耕刀动作演示 31

大耕刀动作演示 32

大耕刀动作演示 33

大耕刀动作演示 34

大耕刀动作演示 35

大耕刀动作演示 36

大耕刀动作演示 37

大耕刀动作演示 38

大耕刀动作演示 39

## 9.甩刀

八斩刀法的所有动作之中，速度最快而又最难被发现的攻击动作就是甩刀。练武的人都知道，进攻才是最好的防守。论八斩刀法，即在对手未发动攻击之前，突然快速打击对方接近自己的握兵器的手腕、手臂，继而顺势刺向对方主体。甩刀便是八斩刀法中最快速的打击动作。

例如，要扔一块石头，一般都会把手拉后再用力扔出去，动作大且时间会很长，容易被对手看出动作的意图。若用手腕把石头甩出去，力度虽然不大，但动作小，无论如何都比整条手臂拉后再扔出去的动作快得多。斩对方的手指、手腕本就用不着多少力量，所以根本就无须拉后蓄力。

## 尝试实践

新中国已成立七十余年，如今社会安定，国强民富，不再需要打打杀杀去解决问题、去保命。传统武术已被大众遗弃，成为历史。但是，技击功能原本就是传统武术之核心价值，放弃了其核心价值，代之以强身健体，以高难度动作花式表演为目的，显而易见这已经不再是传统武术文化，反之，则是在糟蹋千百年历史之中华传统文化，实在让人痛惜。

练武的最终目的就是学以致用，受到袭击时能够保护自己。然而受到拳脚攻击和受到武器攻击，两者的结果完全不同。如果攻击的一方没有武器在手，而自己又有足够本事的话，可以躲避、挡格、制止，甚至控制对方。但若遇到手持武器的攻击，要保证自己不受到伤害并不容易，唯一的办法就只有先重伤对手，使对方失去攻击能力。武器是致命的，不长眼的，是零和游戏，所以绝对不能冒险。因为武器间的对抗，结果只有一个，不是你死便是我亡。我个人认为，要保留中国传统武术文化，学以致用的初心是必须保留的。而尝试实践又是必经之路，但受到环境、智慧及经验的限制，所以这个两难问题，至今都无法解决。

# 第四章 一些体会

## 心得与心法

　　心得就是经历过长时间学习、锻炼，从中所体会到的知识、技术及个人的体验，并最终获得的感受与经历之总结。是可以讲述，可以和别人分享，也可以互相交流的。后学者也可以参考别人的心得，从中节省很多时间，避免了很多不必走的冤枉路。

　　心法却完全不同，心法和心得根本是两码事。心法是自己学到的，经历过实践所悟到的感受，是看不见摸不到无法用言语表达的一种感觉。正如父亲教你学骑自行车，父亲可以教你做所有的动作，可以对你解释平衡方面的理论，但无论你如何聪明，身手如何敏捷，开始时一定会跌下来，直至你找到不再跌下来的那种感觉，这就是心法。

　　可惜的是，我和师父叶问都未曾有过用武器搏斗的经历，何来心法？叶问只能重复讲述前人所留传下来的心得而已。我也只能做到把叶问宗师所教的，原原本本地再讲述一遍，包括把我个人的心得告诉大家，和大家一起分享。

## 心得总结

当你把刀交给任何一个人，再问他"如果你要用这把刀去攻击敌人，你首先选择攻击敌人身体的哪个部位"，大多数人的答复都集中在头、颈或胸腹等要害处。如果你跟他说"敌方也有刀在手，而且他的刀比你的刀长得多，即一寸长一寸强，你的刀未触碰到他之前他的刀已经可以触碰到你身上，你怎么办"，相信他会回答：挡开或闪避对方的攻击，然后还击。这个答复表面上很合逻辑，但当他实行时便会发现基本上是行不通的，只不过是一厢情愿纸上谈兵罢了。因为他的刀比对方的短而无法接近对方，一旦对方发动攻击，就算能够避开、挡开，对方还是会连续不停地一次又一次攻击，他很难有机会还击，这样去挡格或闪避，迟早会失手。

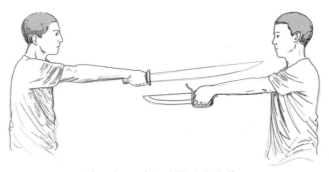

无论目标，则长兵器更有优势

其实，兵器只不过是工具，各有各的作用和优劣。要能够有效发挥作用，首先就必须掌握这套刀法的优劣所在，取其长舍其短。

任何一种兵器都有其独特优势，同时也有其缺陷。一般兵器运用都是一寸短一寸险，因为当对手的兵器比你的兵器长时，你要冒很大的险去接近对方，也会让对手占了先机，非常吃亏。八斩刀的优越之处就在于攻守同步，并且攻击的不是单一部位。

　　一方面，因为以武器攻击敌人，目标不外乎就是头、颈或身体其他致命部位，若对手的武器较长，就容易伤到自己，自己的兵器短，就不容易伤到对手，这是理所当然的。八斩刀虽然比一般武器短，但八斩刀刀法的攻击目标并非对手之致命部位，而是对方握武器的手部，只要斩到对方握武器的手腕或手指，对方便会失去攻击能力，也即目标是对方的手，而对方的目标是你的身体要害，因而只有你能斩到对方握兵器时伸出来的手，对方却斩不到你的身体部位。

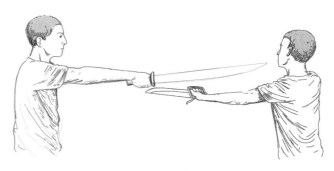

八斩刀的目标在对方手部

　　另一方面，八斩刀是双刀互相配合使用的，一把刀用于对付敌人的兵器，另一把刀就可以同时攻击对方。

　　跟随叶问师父这么多年，从开始学习到尝试实践，经历过数不清的打斗及比试。在尝试实践之初期，被打到受伤的次数多到记也记不清。正如师父所说，没有伤痕累累何来皮糙肉厚？被打得多了，除非受到重伤，一般的口肿脸肿又算得了什么，慢慢便会习惯的。打球也好，游泳也罢，任何运动都可能使人受伤，没有什么可怕的。师父说过无数次，真功夫是靠个人的修行，是靠自己悟出来的。不应该把动作招式过分公式化、机械化，尤其不能依靠仿效别人的打法，否则永远无法得到突破。

当初我一直都以为所谓悟出来的意思，就是清楚明白、完全理解师父对每个动作的解释及招式运用，相信很多人都会如此去理解。直至有一次，一个朋友带他姐姐的男朋友来找我，说是想和我比试比试，说他姐姐的男朋友可以一个打十几个，太夸张了他不信，知道我也是练武的，想见识见识他姐姐的男朋友是否真的如此神奇、这么厉害。他姐姐我也认识，男的却是初次见面，身高和我差不多，但肌肉发达，像是个练健身的，身手如何就很难估算。知道他的来意后，我便尝试向大家解释，武术并非体育运动，打斗必然会有人受伤，根本无法比试。出乎意料，他居然建议双方以点到即止的方式去比试，说是可以保证不会有人受伤。原本动手之前很难猜到对方的身手，但他竟然提出那个只有在武侠小说里才会看到，也只有文人才想得出来的"点到即止"，这就足以证明他根本就是个外行，肯定完全未曾打过架。对我来讲这是求之不得的好机会，难得有人愿意打，又能保证不需要什么善后措施，高兴还来不及呢，我怎会去拒绝呢！开始时他摆了个空手道姿势，的确有点像模像样。在和我之间有两三步距离的情况下，他便贸然上前向我打了一拳，跟着踢了一脚。这个距离，就算我不闪避不后退也未必打得着踢得到。

他就好像自己单独在练习套路一样，真的乐坏我了。我突然用力踏上一步，假装出拳打他面部，他被吓了一跳，随即紧张地两手左右乱打，像街边小孩打架一般，全无章法可言。当时也不知道为什么，我在刹那间起了一个奇怪的念头，就想着尝试去引导他怎样攻击我，却同时又和他保持一定的距离，不让他打到，也会偶然回击他一拳或踢他一脚，有时又特意向两边闪避或后退，和他玩捉迷藏游戏。还击他时当然会尽量留力，不伤他太重，当他停手时我又突然间上前假装攻击，他当即又再手忙脚乱，无头苍蝇似的乱打乱踢，完全乱了套。还有过一两次是他自己绊倒在地上的，也许是太过紧张吧，没多久便上气不接下气，我朋友的姐姐只好叫停。当时感到好尴尬，确实有点过分，只好向我朋友和他姐姐再三道歉。

事后回想起当时的情况，这次经历和我过往多年来遇到的打斗相比，在各方面都存在很明显的差别。过往打斗时，心里想做的未必能做得完整，就算做到，也觉得有些牵强。归根到底，主要原因就在于实战时顾虑太多而耽误了宝贵的时间，只好疾速去完成预定的动作，所以才会导致动作生硬及机械化。

这次的感觉却完全相反，出手时觉得特别随意、自然、轻松，并且更顺手。以往打架，习惯上会先观察对手摆的姿势及一些小动作，很容易便预测得到对手的意图，继而快速确定对策。我相信问题就出在太执着于既定对策，因而未能达到灵活变通。而这次处境完全不同。在一开始便看准对手完全是个生手，什么经验都没有，见到对手越紧张自己就越觉得轻松，更不存在过往那种经历，有他想我死我想他亡的心态，反而觉得有点像玩捉迷藏游戏。其实万物都是互相影响的，人与人之间亦然。处理同一件事时，不同的心态便会带来不同的结果。

结论，就是两个选择：

一，小心谨慎，不轻敌，不冒进，预先精心策划，继而后动；

二，处之泰然，放开手脚，依靠习惯性的反应动作去自由发挥。

前者较为稳扎稳打，但容易被动，因而绑手绑脚，影响动作的有效发挥。

后者较为冒险，虽然是把握主动权，但成败在于个人的能力及过往的经验。我个人会选择后者，尤其经过这次不成文的比试后，更验证了我的想法是对的。真实搏斗，特别是双方都具备巨大杀伤能力时，输赢只是刹那间的事，根本就不允许有分秒的迟疑，本可以做主动的，若因顾虑过多而错失时机，很大可能会被逼成为被动，那就真的亏大了。

## 先练拳脚，再练兵器

凡练武的人都非常清楚，入门必然是先练好拳脚再练兵器，这早已成为常态，从来都不会有人追问原因。先练拳脚功夫实则非常必要。当年叶问师父开始传授刀法时也曾经解释过，只不过我当时没有真正领悟，也就没有放在心上。等到后来以真刀真枪对练时，才回想起他当时的解释，确实有其道理。他指的就是隐藏在每个人心中的潜意识恐惧。若我没亲身经历过，未必会领悟到其中的重要性。

自古以来，学武都是先从拳脚入手，因为练武可以独自练，但搏击打斗就会有对手，若没有经历过互相对打，在真正搏斗时根本就不可能反应过来。拳脚打斗当然会有受伤的可能，但一般都不会致命。初与别人搏斗时，内心必然特别紧张，攻敌时不敢用尽气力，怕对方会伤到自己。反之，受到攻击时，又担心挡不了避不开，怕受伤，因特别紧张而导致手忙脚乱。经历多了打得多了，自信心就会慢慢增强，恐惧感自然就会慢慢消失。问题是兵器搏斗却不同，一旦失手，非死即伤，怎么可能有机会让自己尝试慢慢去增强自信心，消除恐惧感？所以练武必须先练好拳脚功夫，能打，有经验不怯场，到以兵器对练或在真正搏斗时，就不会太紧张，更容易征服自己的潜意识恐惧，也就事半功倍。

## 见识多了，恐惧就少

人类对不确定的、不了解的、不知结果的事物，尤其面对有关生死的问题时，都会特别敏感，特别紧张，甚至恐惧。所以一般人都会怕死，为什么？就是因为不知道死后结果会怎样。同一道理，大家都知道使用武器搏斗时，一不小心，即便不死也会重伤，所以当预测不到对手何时出击，用的是什么招式，是真动作还是虚招，攻击自己哪个要害等时，怎可能不紧张、不恐惧？要消除这些不确定的、无底线的猜疑，就要增加见识。即除了要多练习本门功夫外，更重要的是多研究，多了解各门各派及各种不同的武术、不同的打法方式，久而久之心中便有个大概。经验充足见多识广后，自然就不会那么紧张恐慌，因为或多或少都已经猜得出最终结果。

自从跟随叶问师父学习多年之后，我领悟到了一个终身受用的心得：在看别人比武打斗时，大多数旁观者都会集中注意力在功夫好、打赢的一方，尤其是看到那些特别厉害的高手，特别羡慕，甚至会偷偷去模仿、练习这个人的手法招式。其实很多人都不明白"别人的绝技只能欣赏，绝对不能照搬"这个道理。除非大家都是同一类型的打法，或同一路的功夫，否则根本无法做到完美配合。例如，一辆普通小轿车，硬要配上一个大马力的发动机，我相信连基本起步都有困难，更不用说变速箱、避震器、刹车系统等都无法承受，结果只会弄巧成拙。追随叶问师父这么多年，我发觉在别人比武打斗时，应该多留意打败的一方，细心思考分析为什么他会被打倒，细心研究当遇到同样情况时，该如何应对才能做到反败为胜。

当初，练习武术并非出于自愿。七岁那一年我做了一次大手术，身体非常虚弱，又因年龄太小不能吃什么补品，家人只好安排我学游泳及功夫，希望能帮助我早日康复。初学时只知道跟着师父师兄练习套路动作，练练体能，不知不觉就爱上了武术。直至正式跟随叶问宗师学艺后，才开始明白，有了理论基础，掌握到关键所在才是最重要的。所谓关键，就是万事之根本。

在学刀法之前，看到别人表演兵器，飞快如风，好像滴水不进，特别羡慕。在长时间练习刀法后，才慢慢开始明白，也不外如此，没有什么大不了的。就如电风扇，转得再快，一旦受阻便完全停止。当我们看到对手在面前耍枪花、刀花或剑花，转动得快到几乎看不清时，一般都会特别紧张，很容易被吓到。经历多了就明白，一般而言，这些动作都不在于攻击，而在于先迷惑对手，后再出击。事实上这些花式不论多快，都是来来回回的重复动作，一旦受阻便不可能继续。当面对敌人挥刀剑耍花式时，已经知道其作用并非攻击，恐惧感自然就会减少，甚至消失，大可以放胆以分刀或捆刀的招式将其截停。

对有拳脚搏斗经验的读者而言，心知肚明、知己知彼的重要性显而易见，也就是对敌人的手法、特长、弱点以及功力等早已心中有数，预先有所准备，继而确立一个对抗的大方向。武器搏斗却不止于此，更须对敌人所使用的武器及其功能有认知，因为不同的武器有不同的用途，各有各的优劣长短，有时候必须依靠常识和逻辑去判断，所以对抗的方式就不可能完全一样。

## 先机是可以创造的

遇到性命攸关的时候，先下手为强永远是硬道理，也即出其不意、攻其不备。当然也有例外，若双方距离太远的话，太早出手，对方便有足够的时间应对，更有甚者容易暴露自己的意图。

也许有人会认为，当对方已经有准备时，就会失去出其不意、攻其不备的机会。其实也不尽然，因为出其不意、攻其不备的机会是可以自己创造的。例如，后退时突然往前攻，或先做假动作，再转移距离位置，让对方一时之间无法猜测到你的真实意图。无法准确把握距离位置就无法做好准备，一旦遇到突如其来的攻击，就没有足够的时间去做出正确的判断。

所以，不用担心因为对方有了准备便失去出其不意、攻其不备的机会。智者创造机会，不等待机会。

大多数时候，我们师兄弟之间在对练时，大家都相信，练习多了自然就会熟能生巧，便能很容易很顺手地发挥出应有的效果。相信大家都曾经见到过不少武学大师的示范表演，叫对方如何去攻击他，看到他迅速反应，三两下便把对手打倒。实际上，这只不过是因为大师早就预测到了对方会如何攻击，目标在哪儿，何时出击等。要躲避，要挡格，或要实时反击并不困难，熟习了即可。但在真实情况下，并不会如想象中这么简单。真正搏斗时，有谁会预先通知你何时出手，是真出击还是假动作，是拳打还是脚踢，是左还是右，打击目标是哪一部位？等你观察清楚时，就已经来不及反应了。所以我们时常会看到一些所谓武术大师，讲的时候天下无敌，表演示范时有威有势，到真正实战时却有心无力。他们的问题，就出在两方面：一是没有经过一套完整有序的对练程序，无法做出不经思考的自然反应；二是未曾认真经历过实践，对自己信心不足，出手时不敢用尽气力，害怕不但伤不到对方，还会招来更大的反击，对手有动作时就过度敏感不知如何是好，自然便手忙脚乱。

## 不能盲目模仿西方武术

世间万物都是互相影响的，人与人之间也会受到彼此的影响，正所谓"近朱者赤，近墨者黑"，不由得你不信。

记得读小学时便听过"孟母三迁"这个故事，孟母多次全家搬迁，就是为了让孩子和比自己更优秀的同伴一起成长。

西方武术和东方武术的差别很大，尤其在观念方面。西方武术被视为竞赛运动，所以定下好多规则，例如，不允许攻击腰部以下及背后，不许用腿、膝盖或手肘等做出攻击动作，以确保安全。

东方传统武术，包括中国、韩国、日本、泰国等，主要都是为搏斗，为保性命，哪来这么多规则。

近几十年，有了火车、轮船、飞机后，地球变"小"了，东西方不同国家之间的交流变方便了，机会多了，自然就会互相影响。之前西方的拳赛已经有了改变，有部分赛事开始接受用脚、用膝盖、用手肘等规则，这类赛事被称为 MMA。而空手道、跆拳道、柔道及中国武术等也改为竞赛运动，不再以性命相搏为最终目的。

东方武术，尤其是中国传统武术，大多以静制动，目的是寻找适当距离，把握时机务求一击必杀，正所谓：蓄之既久，其发必速，势之必然也。

反之，若时机到时却优柔寡断，思前顾后，不敢全力出击，犹如强力拉弓又不敢射出，只会招来杀身之祸。

东方武术受到西方武术的影响之后已经有了改变，不再以静制动，而是去模仿西方的步法，不停地前后左右跳动。西方武术是为了配合他们的打斗方式，无可厚非。他们的打法是你进我退，你退我攻，不停地转移位置让对手难以捉摸，被攻击时不挡不格，快速闪避实时还击。对他们来讲这套方法合情合理，并且非常实用。问题是，东方技击是手脚并用，还包括膝盖和手肘等，可以多方面同时攻击，单靠闪避几乎不可能。奇怪的是，近年东方武术界有很多人都受到了西方武术的影响，打斗时盲目地去模仿西方人的打法，前后左右跳动，这样对他们练东方武术真的有帮助吗？我看未必！

# 八斩刀的昂岂

当年，佛山武林传闻，咏春拳最毒的是掌，棍最毒的是枪，刀最忌的是昂岂。既然拳、棍都不是本书主要谈论的范围，便暂且不去讨论。

而昂刌，并非咏春八斩刀的独家招式，可以说各家各派，包括所有外国的刀法在内，都是非常普遍使用的，也就是从下往上攻击对方的一个动作，要闪避、挡格并不难。然而，想要躲避或挡格八斩刀的昂刌就有很大的难度。原因在于，八斩刀的刀法与其他刀法对昂刌的应用方式及目的完全相反。常规来看，昂刌属于主动攻击对手的动作，八斩刀也不例外，区别在于八斩刀的昂刌还有另外一绝，也就是用作被动反击，背后之理论就是利用反作用力及对手攻击一来一回的空隙时间，昂刌对方的手腕，对方既然已经出手，绝不可能在半途突然收回动作去防守。

　　在以武器对阵的情况下，若对方的武器向着自己，正威胁自己，一般都会先快速地用力把向着自己的武器拨开，解除威胁后再攻击对手，绝不会傻到不管三七二十一就上前突击对手。因为对手的武器已经对准自己，只要对手往前一送便什么都完了。

　　所以我个人认为，当年佛山武林的传言，即最忌八斩刀昂刌之说，并没有过分夸大。

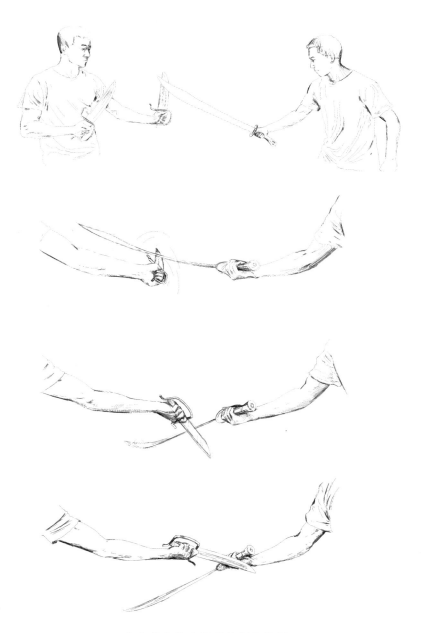

作为反击的八斩刀昂�示意图

# 结 语

中华民族经历清末到民初时期的腐败统治，而后又遭受日寇侵略，抗战长达十四年之久，国家受难、民不聊生，更可悲的是又逢内战，直到 1949 年新中国成立。国家刚开始要重整国内经济、改善民生，却又遇到邻国爆发战争，正是屋漏又逢夜雨，因为西方列强杀入朝鲜之后，还企图跨过鸭绿江入侵我国，我们不得不奋起反抗。列强之入侵虽然最终失败，却因此而导致国家更加元气大伤。时至今日，西方列强从未停止过打压并且多方面制约，我们想要修复关系、重建全球化成果，又谈何容易。

回想七十多年前新中国成立初期，国家是一穷二白，人民从吃不饱穿不暖，到七十年后的今天，一跃成为第二大经济体，在世界历史上亦属罕见，堪称奇迹，这完全是依靠民族的智慧，加上刻苦耐劳及政府领导有方。不可否认，有一些问题虽然还没有完全解决，而解决这些问题仍需要时间。小部分人因为不理解而对现状有所不满，虽然可惜但也尚可理解。可恨的是有极少数对自己国家不满的人，被外人利用，加盐加醋变本加厉，到处去唱衰祖国，处处反对自己的国家。几十年前曾被誉为"博学鸿儒"之钱锺书，就曾写过一本名叫《围城》的小说，说城外的人拼命往内钻，是因为他看不见城内的真实情况，缺乏客观理性。事实上，确实是有一些人受到外国传媒的影响，总以为国外的月亮一定会比国内的圆，这是因为他们只看到国内的弱点而看不到优点。

今天，中国拥有世界最长最快的高铁、上太空的卫星……即使长期受到西方封锁，自己也能够研发及制造出超声速飞弹、五代战斗机及航母……国家强盛了，西方国家再不敢像过去一样为所欲为欺负我们，反而担心自己被我们超越，便硬说我们今天的成就是在威胁他们，这算是什么逻辑？难道我们应该永远任人鱼肉吗？难道建立国防去保护自己的国民，像两千多年前建筑长城一样，也是为了威胁别人包括他们吗？这不过是借口而已，正所谓"欲加之罪，何患无辞"。国家为了守护国土去发展国防科技，为了让人民过上好日子，修桥补路，拓展海陆空交通，全力发展制造业，增加国民收入等，难道不是非常合理的吗？不过我个人认为，若国家在发展硬实力的同时，能够再加大力度推广软实力，则更容易让别人接受。

硬实力是刚，软实力就是柔，为何不能刚柔并济？硬实力强大时容易招惹别人的顾忌，千方百计去找借口来针对我们，钳制我们。反之，强大的软实力只会招来其他人欣赏及爱慕，尤其是发生在民间。中国是历史悠久的文明古国，超越五千年的文化，我们老祖宗流传下来的民间传统艺术比比皆是。只要不过度商业化及市场化，以民间对外交流方式推广，争取国与国之间人民的友谊，何乐而不为呢？我们必然会事半功倍。我们需要的是朋友，不是敌人。

"柔不能守，刚不能久。"历代以来，中华民族极少主动攻击或侵占别人的土地，一直以来坚持以德服人，以和为贵，结果让外人觉得我们是软弱可欺，得寸进尺，总有一天会退无可退。历史上的战争大部分都发生在西方，两次世界大战亦是始于西方，他们之穷兵黩武，从军费开支方面便可见一斑，单美国 2022 年的军费开支就已接近九千亿美元，如此庞大的军费毫无尽头地逐年增加，这样下去还能持久吗？鉴于上述的逻辑，只要我们坚持以刚柔并济的方式面对，何愁看不到形势转换的一天？又何必单凭硬实力去和西方斗个你死我活呢？

最近美国民调报告指出，超过七成国民都对中国没有好感，说是新中国成立以来从没有过的。怎会是这样的呢？他们穿在身上的衣服鞋袜，家中用的电器，厨房用的厨具，甚至公司写字楼用的文具，不都是中国制造的吗？他们不都是很喜欢、很满意的吗？我猜国内绝大部分的老百姓都会想不明白。其实一点也不奇怪，这么多年来他们的政客配合传媒，每天不但对自己的国民洗脑，还公开对全世界的人不停地洗脑，标榜他们代表着自由、民主和法治，同时又不停地制造新闻抹黑中国，要所有人都相信中国是多么邪恶，有多大的野心，已经威胁到全世界所有的国家。虽然说谣言止于智者，谎话说一两遍不会有人相信，但倘若天天听到的都是同样的谎话，也就很难说了。

过去几十年，我在南北美洲及西方各国每年都举办好几次传统武术讲座及训练班，十多年前才开始在国内举办讲座及培训班，参加的都是南北美洲及欧洲慕名而来的学员，每次最多不超过五十人。在讲解及教他们传统武术之同时，都会向他们介绍我们中国的历史文化，可以感觉到他们确实很感兴趣。我有时候亦会替他们安排一些旅游活动，让他们有机会接触及认识更多中国的朋友。他们在中国看到过及亲身经历过后，就很容易分辨出自己过往听到传媒及政客宣传的并非事实。那些参加过我开办的训练班的，在中国不但玩得开心，对中国更特别有好感，不断发照片回去给朋友及家人，回国后十之八九都会把自己的所见所闻和同事、亲戚、朋友分享。我觉得国与国之间多以这种方式在民间互相交流，不但可以增进双方的友谊，还可以增进互信。问题是独木难成林，个人的努力根本成不了气候。而世界这么大，单靠推广传统武术也起不了大作用。但中国有几千年的历史，有数不清的、各式各样的传统艺术文化藏在民间，只要国民万众一心对外推广，多方面对外互相交流、增进友谊，自然便成为国家的软实力。

这本书主题是讲解八斩刀的理论，示范基本套路及谈论个人学习时的心得，用意是抛砖引玉，希望能让更多读者去深入了解及探索传统武术，坚持练习，终有一日能够青出于蓝而胜于蓝。我们生活在这个科技发展一日千里的社会，在继续成长的同时也应尽力保留过去的传统文化。除此之外，我个人还有一个愿望，就是希望大家都能够出一分力，把祖宗遗留下来的各行各业的传统艺术发展到全世界，成为国家的软实力。

文化复兴此其时也，特意在此提出，与所有读者共勉。

全文完

# 咏春八斩刀

作者 _ 梁绍鸿　绘者 _ 熊　亮

产品经理 _ 段　冶　装帧设计 _ 董歆昱　技术编辑 _ 丁占旭
责任印制 _ 刘世乐　出品人 _ 曹俊然

果麦
www.guomai.cn

以 微 小 的 力 量 推 动 文 明

**图书在版编目（CIP）数据**

咏春八斩刀 / 梁绍鸿著 ; 熊亮绘. — 广州 : 广东
人民出版社, 2024.1

　　ISBN 978-7-218-17307-8

　　Ⅰ . ①咏… 　Ⅱ . ①梁… 　②熊… 　Ⅲ . ①刀术（武术）—
基本知识—中国 　Ⅳ . ①G852.22

中国国家版本馆CIP数据核字（2023）第254239号

YONGCHUN BAZHANDAO
**咏春八斩刀**

梁绍鸿 著 熊亮 绘　　　　　　　　　　　　　　　　　版权所有 翻印必究

出　版　人：肖风华

责任编辑：李　敏
装帧设计：董歆昱
责任技编：吴彦斌　马　健

出版发行：广东人民出版社
地　　址：广州市越秀区大沙头四马路 10 号（邮政编码：510199）
电　　话：（020）85716809（总编室）
传　　真：（020）83289585
网　　址：http://www.gdpph.com
印　　刷：天津市豪迈印务有限公司
开　　本：710毫米×1000毫米　1/16
印　　张：10　字　　数：112 千
版　　次：2024 年 1 月第 1 版
印　　次：2024 年 1 月第 1 次印刷
定　　价：69.80 元

如发现印装质量问题，影响阅读，请与出版社（020-85716849）联系调换。